# Nous ne pouvons pas être le 51e État des États-Unis

DM Ole Kiminta

Published by KBros, 2025.

NOUS NE POUVONS PAS ÊTRE LE 51E ÉTAT DES ÉTATS-UNIS

**First edition. March 1, 2025.**

ISBN: 978-1069323101

Written by DM Ole Kiminta.

# Also by DM Ole Kiminta

# Table of Contents

# Table of Contents

# Nous ne pouvons pas être le 51e État des États-Unis.

## Canada : Un 51ème état ? Débats et réalités

## Nous sommes Canadiens

# Table des matières

Nous ne pouvons pas être le 51e État des États-Unis.

# Chapter 1: Introduction à la question du 51ème état

C ontexte historique
     Le contexte historique du Canada et de ses relations avec les États-Unis est fondamental pour comprendre la question de l'identité canadienne et le débat sur la possibilité d'une intégration plus poussée au sein des États-Unis. Dès le début de la colonisation, le territoire qui deviendra le Canada a été marqué par des influences britanniques, françaises et autochtones. Cette diversité a forgé une identité distincte qui se distingue de celle de ses voisins du sud. Les luttes pour l'indépendance et les révolutions au XVIIIe siècle, tant au Canada qu'aux États-Unis, ont établi des jalons cruciaux dans l'affirmation de la souveraineté canadienne.

Au XIXe siècle, les relations entre le Canada et les États-Unis se sont intensifiées, notamment avec la guerre de 1812, qui a vu des Canadiens défendre leur territoire contre des incursions américaines. Cet événement a renforcé le sens de l'identité nationale canadienne et a contribué à une méfiance persistante envers les intentions américaines. Par ailleurs, l'expansion vers l'ouest des États-Unis a suscité des craintes au Canada, incitant à la formation de la Confédération en 1867, un acte qui visait à unir les provinces canadiennes pour mieux se protéger contre les ambitions américaines.

Au cours du XXe siècle, les deux pays ont connu des périodes de coopération et de tension. La Première et la Seconde Guerre mondiale ont catalysé une collaboration militaire et économique, mais ont également mis en lumière des divergences, notamment en matière de politique étrangère. Le Canada a commencé à se forger une identité propre, souvent en opposition aux valeurs et aux politiques américaines. Des mouvements nationalistes ont vu le jour, réclamant une plus grande autonomie et une affirmation de la culture canadienne face à l'influence omniprésente des États-Unis.

Dans la seconde moitié du XXe siècle, la question de la langue et de la diversité culturelle est devenue centrale dans le débat sur l'identité canadienne. Les politiques de bilinguisme et de multiculturalisme ont été mises en place pour célébrer cette diversité et contrer la domination culturelle américaine. Les Canadiens ont commencé à revendiquer leur identité, à travers des expressions artistiques et des mouvements sociaux, tout en restant conscients des défis posés par les médias américains qui façonnent souvent la perception du Canada.

Aujourd'hui, malgré les liens économiques et géographiques étroits, les Canadiens continuent de s'affirmer comme une nation distincte. Les débats sur la souveraineté, l'économie et la culture révèlent un désir profond de préserver une identité canadienne unique. Le Canada, avec ses richesses culturelles et linguistiques, refuse de se voir comme le 51ème État des États-Unis, mais plutôt comme un pays souverain, riche de son histoire, de sa diversité et de sa fierté nationale.

# Perception contemporaine

La perception contemporaine du Canada dans le contexte des relations avec les États-Unis est un sujet complexe qui soulève des questions d'identité nationale et de souveraineté. Dans l'imaginaire collectif, le Canada est souvent vu comme un pays voisin des États-Unis, mais il existe une distinction claire entre les deux nations. Les Canadiens s'attachent à leur identité unique, façonnée par une histoire riche et des valeurs qui diffèrent de celles de leur voisin. Cette perception est renforcée par un sentiment de fierté nationale, ancré dans la diversité culturelle et linguistique du pays.

Les relations historiques entre le Canada et les États-Unis ont contribué à façonner cette perception. Bien que les deux pays partagent une frontière longue et souvent considérée comme la plus paisible du monde, leurs trajectoires politiques et économiques sont distinctes. Le Canada a su maintenir sa souveraineté en développant des institutions et des politiques qui reflètent ses propres valeurs et priorités. Cela se manifeste clairement dans la manière dont les Canadiens perçoivent leur système de santé, qui privilégie l'accès universel plutôt que le modèle à but lucratif en vigueur aux États-Unis.

La culture canadienne, riche et diversifiée, joue également un rôle essentiel dans la perception contemporaine du pays. Les Canadiens tirent une grande fierté de leur héritage multiculturel, qui se traduit par une multitude de traditions, de langues et d'expressions artistiques. Cette diversité est souvent mise en avant comme un atout face à l'homogénéité culturelle perçue aux États-Unis. Les Canadiens se définissent souvent par leur capacité à embrasser cette diversité, ce qui renforce leur identité nationale distincte.

Cependant, l'influence des médias américains ne peut être ignorée. Les représentations du Canada dans les films, les émissions de télévision et les nouvelles américaines façonnent souvent une image simpliste du pays. Cette représentation peut mener à des malentendus et à des stéréotypes, affectant la manière dont les Canadiens se perçoivent eux-mêmes et sont perçus à l'étranger. Les mouvements nationalistes canadiens s'efforcent de contrer ces perceptions et de promouvoir une image plus nuancée et authentique du Canada.

Enfin, la question de l'économie canadienne face à l'influence américaine est un autre aspect crucial de la perception contemporaine. Alors que le Canada entretient des liens économiques étroits avec les États-Unis, il existe un désir croissant de diversifier les partenariats commerciaux et de renforcer l'autonomie économique. Les Canadiens sont de plus en plus conscients des défis et des opportunités qui se présentent à eux dans un monde globalisé. Cette prise de conscience contribue à une perception plus affirmée de leur identité nationale, soulignant que le Canada, loin d'être un 51ème État, est une nation à part entière avec sa propre voix sur la scène internationale.

# Chapter 2: Identité canadienne et fierté nationale

**L**es fondements de l'identité canadienne
Les fondements de l'identité canadienne reposent sur une mosaïque de cultures, de langues et d'histoires qui coexistent harmonieusement. Le Canada est reconnu pour sa diversité, un élément central qui façonne son identité nationale. Cette pluralité est souvent perçue comme une force, permettant aux Canadiens de s'enrichir mutuellement par le partage de traditions, de valeurs et de perspectives différentes. Les Canadiens d'origine britannique, française, autochtone et d'autres communautés ethniques contribuent à un paysage culturel riche, où le respect et l'ouverture d'esprit sont des valeurs fondamentales.

L'histoire des relations entre le Canada et les États-Unis joue également un rôle crucial dans la définition de l'identité canadienne. Bien que géographiquement proche, le Canada a su se forger une identité distincte, souvent en opposition à la culture américaine. Les Canadiens se sont souvent définis par ce qu'ils ne sont pas, cultivant une fierté nationale qui les distingue de leurs voisins du Sud. Cette dynamique a renforcé un sentiment d'appartenance unique, où les Canadiens célèbrent leur autonomie et leur souveraineté, tout en naviguant les influences extérieures.

La langue est un autre pilier fondamental de l'identité canadienne. Le Canada est officiellement bilingue, avec l'anglais et le français reconnus comme langues officielles. Cette dualité linguistique reflète non seulement l'histoire coloniale du pays, mais aussi la coexistence de deux cultures majeures. Les Canadiens francophones, principalement concentrés au Québec, jouent un rôle essentiel dans la défense et la promotion de la langue française, enrichissant ainsi le paysage linguistique du pays. Cette richesse linguistique est célébrée à travers des événements culturels, des festivals et des initiatives éducatives qui soutiennent la diversité.

Les traditions canadiennes, qu'elles soient d'origine autochtone ou issues des vagues d'immigration, ajoutent une profondeur supplémentaire à l'identité nationale. Des célébrations comme la fête du Canada, le Jour de la Saint-Jean-Baptiste et les pow-wow autochtones témoignent de l'héritage culturel diversifié du pays. Ces événements sont des occasions pour les Canadiens de se rassembler, de célébrer leur histoire commune et de réaffirmer leur engagement envers une société inclusive. La culture canadienne est un reflet de cette diversité, où chaque communauté contribue à la tapisserie nationale.

Enfin, l'identité canadienne est façonnée par des enjeux contemporains tels que la politique, l'économie et la perception médiatique. Les mouvements nationalistes canadiens, par exemple, mettent en avant la volonté de préserver l'identité culturelle face aux pressions globales. De plus, la comparaison des systèmes de santé canadiens et américains souligne des différences fondamentales dans la manière dont les Canadiens perçoivent la solidarité et le bien-être social. Les médias, tant canadiens qu'américains, jouent un rôle dans la construction de l'image du Canada, influençant souvent la perception que les Canadiens ont d'eux-mêmes et de leur place dans le monde. Ces éléments combinés dessinent un portrait d'une nation fière, résiliente et déterminée à préserver son identité unique.

## Symboles et célébrations nationales

LES SYMBOLES ET CÉLÉBRATIONS nationales jouent un rôle fondamental dans la construction de l'identité canadienne. Ces éléments culturels ne se limitent pas aux drapeaux et aux hymnes, mais englobent également des traditions, des événements et des figures historiques qui unissent les Canadiens autour de valeurs communes. Le drapeau canadien, par exemple, est devenu un emblème de fierté nationale, symbole de l'unité et de la diversité qui caractérisent le pays. Chaque année, le 15 février, la Journée du drapeau canadien est célébrée, rappelant l'importance de ce symbole dans l'affirmation de notre identité.

Les célébrations nationales, telles que la fête du Canada, qui a lieu le 1er juillet, sont des occasions où les Canadiens se rassemblent pour célébrer leur histoire, leur culture et leur avenir. Ces festivités incluent des défilés, des feux d'artifice et des concerts, permettant aux gens de se sentir connectés à leur pays et à leurs concitoyens. La fête du Canada est également un moment de réflexion sur les réalisations du pays et sur les défis à venir, renforçant ainsi un sentiment de solidarité et d'appartenance.

Les symboles autochtones, qui font partie intégrante de l'identité canadienne, méritent également d'être soulignés. Le Canada est un pays riche en diversité, dont les cultures autochtones apportent une profondeur et une perspective uniques à notre identité nationale. La Journée nationale des Autochtones, célébrée le 21 juin, est un moment important pour reconnaître et honorer les contributions des peuples autochtones à l'histoire et à la culture canadiennes. Cette célébration favorise un dialogue sur la réconciliation et l'importance d'intégrer les voix autochtones dans le récit national.

Les événements commémoratifs, tels que le jour du Souvenir, le 11 novembre, rappellent aux Canadiens le sacrifice des membres des forces armées pour la paix et la liberté. Cette journée est marquée par des cérémonies à travers le pays, où des personnes de tous âges se rassemblent pour honorer ceux qui ont servi. Ces moments de recueillement renforcent le sentiment de gratitude et de respect envers les valeurs de courage et de sacrifice qui sont au cœur de l'identité canadienne.

Enfin, la diversité linguistique est également un symbole clé de l'identité canadienne. Le Canada est un pays bilingue, où l'anglais et le français coexistent, reflétant une histoire riche et complexe. La promotion de cette diversité linguistique à travers des célébrations comme la Semaine de la francophonie témoigne de l'engagement du Canada envers l'inclusion et le respect des différences. Ces éléments, qu'ils soient culturels, historiques ou linguistiques, contribuent à établir une identité canadienne forte et résiliente, éloignée de l'idée de devenir le 51ème État des États-Unis.

# Chapter 3: Histoire des relations Canada-États-Unis

## Les débuts des relations bilatérales

L es débuts des relations bilatérales entre le Canada et les États-Unis remontent à des périodes antérieures à la Confédération de 1867. Dans les années qui ont précédé cette date, les deux territoires ont partagé des intérêts économiques et stratégiques. La proximité géographique a favorisé les échanges commerciaux, alors que les colons britanniques au Canada et les colons américains développaient des relations basées sur le commerce, l'agriculture et l'industrie. Ces interactions ont établi une base pour une coopération future, bien que le contexte politique de l'époque ait également engendré des tensions, notamment en raison des rivalités impériales.

L'un des premiers jalons significatifs dans les relations canado-américaines fut la guerre de 1812, qui a vu les deux pays s'affronter sur des questions de souveraineté et de frontières. Bien que le conflit ait été source de divisions, il a également servi à forger une identité nationale canadienne distincte. Les Canadiens ont commencé à se percevoir comme un peuple indépendant, renforçant ainsi leur désir de préserver leur autonomie face à l'expansion américaine. Ce sentiment national croissant a finalement influencé les relations bilatérales, poussant le Canada à affirmer son identité sur la scène internationale.

Avec la création de la Confédération en 1867, le Canada a vu une opportunité de consolider ses relations avec les États-Unis tout en maintenant une certaine distance. Les accords commerciaux, tels que le traité de réciprocité de 1854, ont ouvert la voie à des échanges plus fluides, favorisant le développement économique des deux nations. Cependant, ce rapprochement a toujours été tempéré par les préoccupations canadiennes concernant la domination américaine. Les Canadiens étaient soucieux de protéger leurs ressources et leur culture face à l'influence croissante des États-Unis.

Au fil des décennies, les relations bilatérales ont continué à évoluer, influencées par des événements internationaux, des guerres et des crises économiques. L'impact des deux guerres mondiales, par exemple, a renforcé les liens militaires, alors que la coopération sur des questions de défense a pris une importance accrue. Les Canadiens ont également commencé à voir les États-Unis non seulement comme un partenaire commercial, mais aussi comme un allié stratégique, ce qui a conduit à des accords tels que l'Accord de défense nord-américaine. Cette dynamique a contribué à établir un cadre pour des relations plus étroites tout en faisant face à des défis internes liés à l'identité nationale.

En conclusion, les débuts des relations bilatérales entre le Canada et les États-Unis sont marqués par un mélange de coopération et de tensions. L'histoire complexe qui lie ces deux nations a non seulement façonné leur interaction politique et économique, mais a également influencé les perceptions mutuelles et les identités nationales. Alors que le Canada continue de naviguer entre son héritage colonial et son voisinage américain, il reste déterminé à préserver son autonomie tout en renforçant ses relations avec les États-Unis, illustrant ainsi la dualité de son identité nationale.

## Événements marquants et traités importants

LES RELATIONS ENTRE le Canada et les États-Unis ont été marquées par plusieurs événements et traités significatifs qui ont façonné l'identité canadienne et sa position sur la scène internationale. Parmi ces événements, la guerre de 1812 a été un tournant majeur. Ce conflit, qui a opposé les États-Unis et le Canada britannique, a renforcé le sentiment national canadien. Les Canadiens ont uni leurs forces pour défendre leur territoire, ce qui a contribué à forger une identité distincte et à écarter les craintes d'une éventuelle annexion par les États-Unis.

Un autre traité fondamental dans l'histoire des relations canado-américaines est le traité de Washington, signé en 1871. Ce traité a établi des mécanismes de règlement des différends entre les deux nations, notamment en ce qui concerne la pêche, les frontières et le commerce. En favorisant la coopération économique, il a permis au Canada de se développer tout en préservant son autonomie face à l'influence grandissante des États-Unis. Ce cadre légal a également renforcé la position du Canada comme un partenaire viable dans le commerce nord-américain, sans pour autant sacrifier sa souveraineté.

L'Accord de libre-échange nord-américain (ALENA), signé en 1994, a également eu un impact profond sur l'économie canadienne. Bien qu'il ait ouvert les marchés canadiens à une vaste économie américaine, il a suscité des préoccupations quant à la perte de contrôle sur les ressources naturelles et l'influence culturelle américaine. Les débats entourant l'ALENA ont mis en évidence les tensions entre le développement économique et la préservation de l'identité nationale, soulignant la nécessité pour le Canada de naviguer habilement entre collaboration économique et affirmation de sa souveraineté.

Le Canada a également été témoin de divers mouvements nationalistes qui ont influencé sa politique intérieure et ses relations avec les États-Unis. Des mouvements comme le Québec souverainiste ont mis en avant des questions d'identité et de culture, cherchant à affirmer une distinction claire entre la nation canadienne et les influences américaines. Ces mouvements ont souvent alimenté des discussions sur la diversité linguistique et culturelle du Canada, renforçant l'idée que le pays est une mosaïque de cultures qui doit être protégée contre l'homogénéisation.

Enfin, l'impact des médias américains sur la perception du Canada a été un sujet de préoccupation constant. La représentation du Canada dans les médias américains peut parfois sembler réduire la complexité de l'identité canadienne à des stéréotypes simplistes. Cette dynamique a des implications non seulement sur la façon dont les Canadiens se voient eux-mêmes, mais aussi sur la manière dont ils interagissent avec leurs voisins du sud. La nécessité de promouvoir une image positive et authentique du Canada à l'étranger est donc essentielle pour préserver la fierté nationale et l'intégrité culturelle.

# Chapter 4: Culture et traditions canadiennes

## Diversité culturelle au Canada

La diversité culturelle au Canada est l'un des aspects les plus remarquables et enrichissants de l'identité canadienne. Ce pays, souvent décrit comme un véritable mosaïque, se distingue par la coexistence de multiples cultures, langues et traditions. Cette pluralité est le résultat de l'histoire complexe du Canada, marqué par l'arrivée des peuples autochtones, des colonisateurs européens, ainsi que des vagues d'immigration provenant du monde entier. Chaque groupe a apporté ses propres coutumes, croyances et contributions, façonnant ainsi le tissu social canadien.

Le Canada se distingue également par ses deux langues officielles, le français et l'anglais, qui symbolisent une grande partie de son héritage culturel. La province du Québec, par exemple, est un bastion de la culture francophone en Amérique du Nord, préservant et promouvant la langue et les traditions françaises. Cette dualité linguistique est une source de fierté nationale et un élément fondamental de l'identité canadienne. De plus, d'autres langues, comme l'espagnol, le chinois et le punjabi, sont également parlées par des communautés importantes, témoignant de la diversité linguistique qui caractérise le pays.

Les relations entre les différentes cultures au Canada se fondent sur des principes de respect et d'inclusion. Les politiques multiculturelles mises en place par le gouvernement canadien encouragent la reconnaissance et la célébration des diverses identités culturelles. Cet engagement envers la diversité est manifesté à travers des événements comme le Mois de l'histoire des Noirs, la fête de la Saint-Jean-Baptiste, ou encore le Jour de l'Indépendance des États-Unis. Ces célébrations permettent non seulement de mettre en valeur l'héritage culturel, mais aussi de renforcer les liens entre les communautés.

Cependant, cette richesse culturelle n'est pas exempte de défis. Les minorités visible et linguistiques font face à des obstacles tels que la discrimination et l'inégalité d'accès aux ressources. Le Canada doit continuer à lutter contre ces injustices pour garantir que chaque individu, quelle que soit son origine, puisse s'épanouir et contribuer à la société. Les mouvements sociaux et les initiatives communautaires jouent un rôle crucial dans cette lutte pour l'égalité et la reconnaissance des droits de tous les Canadiens.

En somme, la diversité culturelle au Canada est une source de fierté qui enrichit l'identité nationale. Elle souligne l'importance de l'acceptation et de l'intégration des différentes cultures, tout en mettant en lumière les défis à relever pour assurer une société véritablement équitable. Dans le cadre des débats autour de la souveraineté et de l'identité canadienne, il est essentiel de reconnaître et de valoriser cette diversité comme une force qui unit les Canadiens, les éloignant ainsi de l'idée d'être un simple état satellite des États-Unis.

### Traditions régionales et fêtes

Les traditions régionales et les fêtes au Canada jouent un rôle crucial dans l'affirmation de l'identité canadienne. Chaque province et territoire possède ses propres coutumes, célébrations et festivals qui reflètent la diversité culturelle du pays. Ces événements offrent non seulement une occasion de célébrer l'héritage local, mais ils renforcent également le sentiment d'appartenance à une communauté unique. Le Canada, avec ses nombreuses influences autochtones, françaises, britanniques et d'autres cultures, est un véritable patchwork de traditions qui se manifestent à travers les festivités.

# NOUS NE POUVONS PAS ÊTRE LE 51E ÉTAT DES ÉTATS-UNIS

Parmi les célébrations les plus emblématiques, la fête du Canada, célébrée le 1er juillet, est un moment fort pour l'unité nationale. Les Canadiens de tous horizons se rassemblent pour assister à des défilés, des feux d'artifice et des concerts. Cette fête est l'occasion de réfléchir aux valeurs canadiennes fondamentales telles que la paix, la diversité et la tolérance. Cependant, d'autres fêtes régionales comme le Carnaval de Québec ou la fête de la Saint-Jean-Baptiste au Québec illustrent parfaitement comment les traditions peuvent varier considérablement d'une province à l'autre, mettant en avant des identités culturelles distinctes.

Les festivals locaux, tels que le Festival de la tulipe à Ottawa ou le Calgary Stampede, sont également des manifestations importantes de la culture canadienne. Ces événements attirent des millions de visiteurs chaque année, renforçant non seulement le tissu social local, mais aussi l'économie régionale. Ils permettent aux Canadiens et aux touristes de découvrir des arts, de la gastronomie et des pratiques culturelles qui sont souvent méconnues en dehors des frontières provinciales. En ce sens, ces célébrations sont non seulement des moments de divertissement, mais aussi de véritables vitrines du patrimoine canadien.

Le rôle des traditions et des fêtes ne se limite pas à la célébration; elles sont également un moyen de croiser les dialogues interculturels et de favoriser la compréhension entre les différentes communautés. Dans un pays aussi diversifié que le Canada, il est essentiel d'encourager la reconnaissance des différentes voix et identités. Des événements tels que le Diwali à Toronto ou le Nouvel An chinois à Vancouver montrent comment les traditions d'immigrants contribuent à la mosaïque culturelle canadienne, enrichissant ainsi le paysage social et culturel du pays.

Enfin, ces traditions régionales et fêtes soulignent l'importance de la souveraineté culturelle face à l'influence américaine. Alors que des éléments de la culture populaire américaine peuvent parfois sembler omniprésents, la célébration des traditions locales rappelle aux

Canadiens l'importance de leur propre héritage. Dans un monde de plus en plus globalisé, il est crucial de préserver et de promouvoir ces pratiques culturelles uniques qui définissent le Canada, renforçant ainsi l'idée que le pays ne sera jamais le 51ème état des États-Unis, mais plutôt un bastion de diversité et d'identité nationale.

# Chapter 5: Politique canadienne et souveraineté

## Le système politique canadien

L e système politique canadien repose sur des fondations solides qui reflètent à la fois l'héritage historique du pays et sa diversité culturelle. Il se caractérise par une démocratie parlementaire et une monarchie constitutionnelle, où le chef de l'État est le monarque britannique, représenté par le gouverneur général au Canada. Ce cadre institutionnel permet une séparation claire des pouvoirs exécutif, législatif et judiciaire, garantissant ainsi un équilibre qui protège les droits et les libertés des citoyens. En tant que nation, le Canada privilégie une approche collaborative et consensuelle, souvent perçue comme un reflet de ses valeurs fondamentales de respect et de tolérance.

Le Parlement canadien, composé de la Chambre des communes et du Sénat, joue un rôle central dans le processus démocratique. Les membres de la Chambre des communes sont élus par le peuple lors d'élections fédérales, tandis que les sénateurs sont nommés par le gouverneur général sur recommandation du Premier ministre. Cette structure vise à représenter les intérêts variés des provinces et des territoires, tout en maintenant une certaine continuité grâce aux sénateurs. Le système électoral canadien, basé sur le scrutin uninominal à un tour, favorise la formation de gouvernements majoritaires, ce qui peut parfois entraîner une dominance de certaines voix sur d'autres.

Le fédéralisme est un autre aspect clé du système politique canadien. Le pays est divisé en provinces et territoires, chacun ayant son propre gouvernement et ses compétences spécifiques. Cette décentralisation permet aux régions de s'adapter à leurs réalités locales, mais elle peut également engendrer des tensions entre le gouvernement fédéral et les gouvernements provinciaux. Les débats sur des enjeux tels que la santé, l'éducation et l'environnement illustrent souvent ces dynamiques, où le Canada tente de trouver un équilibre entre l'autonomie provinciale et les responsabilités fédérales.

Un élément distinctif de la politique canadienne est son engagement envers les droits de la personne et la diversité. Le Canada est reconnu pour ses politiques inclusives qui favorisent la multiculturalité et le respect des différences. La Charte canadienne des droits et libertés, adoptée en 1982, constitue un pilier fondamental qui garantit des droits égaux à tous les citoyens, indépendamment de leur origine ethnique, de leur sexe ou de leur orientation sexuelle. Cela contribue à une identité canadienne forte et à un sentiment de fierté nationale, souvent mis en avant dans les discussions sur la souveraineté face à l'influence américaine.

Enfin, le système politique canadien est également influencé par sa proximité avec les États-Unis. Cette relation, bien qu'essentielle sur le plan économique et culturel, pose des défis en matière de souveraineté. Les Canadiens sont souvent confrontés à des perceptions biaisées dictées par les médias américains, ce qui peut affecter leur identité nationale. En ce sens, la politique canadienne cherche à promouvoir une vision distincte, en mettant l'accent sur ses valeurs propres et en célébrant ses réussites en matière de santé, d'éducation et de diversité linguistique, afin de solidifier son statut d'entité indépendante et fière sur la scène mondiale.

# Débats sur la souveraineté et l'indépendance

LA QUESTION DE LA SOUVERAINETÉ et de l'indépendance du Canada est au cœur des débats identitaires qui traversent le pays. Depuis la Confédération en 1867, les Canadiens ont constamment redéfini leur rapport à l'État américain, oscillant entre une fierté nationale affirmée et des craintes face à l'influence croissante des États-Unis. Ces discussions prennent souvent la forme de réflexions sur la culture, l'économie et les valeurs canadiennes, qui se distinguent nettement de celles de leur puissant voisin du Sud.

L'identité canadienne, façonnée par une mosaïque de cultures et de traditions, se heurte régulièrement aux stéréotypes véhiculés par les médias américains. En effet, la représentation du Canada dans ces médias contribue à former une image parfois réductrice, ce qui pousse les Canadiens à affirmer leur singularité. Des mouvements nationalistes, tant au Québec qu'à l'échelle nationale, se mobilisent pour promouvoir une vision du Canada qui valorise sa diversité linguistique et culturelle, tout en rejetant l'idée de devenir un État américain.

La dynamique économique entre le Canada et les États-Unis joue également un rôle crucial dans les débats sur la souveraineté. Bien que le Canada bénéficie d'un accès privilégié au marché américain, cette dépendance économique soulève des préoccupations quant à l'autonomie nationale. Les critiques affirment que cette situation pourrait mener à une érosion des politiques publiques canadiennes, notamment dans des domaines essentiels comme la santé et l'éducation, où des différences notables existent entre les deux systèmes.

Les enjeux linguistiques ajoutent une couche supplémentaire à ces débats. Le Canada, avec ses deux langues officielles, a toujours lutté pour préserver sa dualité linguistique face à la prédominance de l'anglais. Cette diversité linguistique est souvent perçue comme un pilier de l'identité canadienne. De nombreux Canadiens estiment que la protection de cette diversité est essentielle pour maintenir la souveraineté nationale et éviter une assimilation culturelle qui les ferait sombrer dans le modèle américain.

En conclusion, les débats sur la souveraineté et l'indépendance du Canada sont complexes et multidimensionnels. Ils englobent des questions d'identité, d'économie, de culture et de politique, reflétant les préoccupations des Canadiens face à l'influence des États-Unis. À travers ces discussions, les Canadiens cherchent à définir ce que signifie être un pays souverain et à revendiquer leur place sur la scène mondiale, tout en affirmant avec fierté leur unicité face à la tentation de devenir le 51ème État américain.

# Chapter 6: Économie canadienne face à l'influence américaine

## Relations commerciales et dépendance économique

Les relations commerciales entre le Canada et les États-Unis sont d'une importance cruciale pour l'économie canadienne. En tant que principal partenaire commercial du Canada, les États-Unis représentent une part significative des exportations canadiennes, notamment dans des secteurs clés tels que l'énergie, l'agriculture et les produits manufacturés. Cette interdépendance économique a des conséquences profondes sur la structure économique du Canada, mais elle soulève également des questions sur la souveraineté nationale. À mesure que le Canada dépend de son commerce avec les États-Unis, il devient essentiel de comprendre comment cette relation façonne l'identité canadienne.

L'évolution des accords commerciaux, comme l'ALENA puis l'USMCA, témoigne de cette dynamique. Bien que ces accords aient été conçus pour faciliter le commerce et renforcer les liens économiques, ils ont également engendré des débats sur la perte de contrôle économique du Canada. Les critiques soutiennent que l'ouverture des marchés a pu nuire à certaines industries canadiennes, soulevant des préoccupations quant à la sécurité économique du pays. En conséquence, la question de la dépendance économique devient centrale dans les discussions sur l'identité nationale et le rôle du Canada sur la scène internationale.

D'un autre côté, cette dépendance économique peut être perçue comme une opportunité pour le Canada de se positionner stratégiquement. En diversifiant ses marchés d'exportation et en renforçant ses relations avec d'autres pays, le Canada pourrait réduire les risques associés à sa dépendance vis-à-vis des États-Unis. Cette approche pourrait également contribuer à la promotion de la culture et des traditions canadiennes à l'étranger, permettant ainsi de renforcer le sentiment de fierté nationale. Les mouvements nationalistes canadiens prônent souvent une autonomie accrue, soulignant l'importance de préserver l'identité canadienne face à l'influence américaine.

Les médias jouent également un rôle dans la perception des relations commerciales entre le Canada et les États-Unis. Souvent, l'accent est mis sur les avantages et les inconvénients de cette dépendance économique, influençant ainsi l'opinion publique. Les reportages sur les impacts des politiques américaines sur l'économie canadienne peuvent exacerber les craintes d'une perte de souveraineté. Parallèlement, les médias canadiens tentent de promouvoir une image positive du Canada, mettant en avant sa diversité linguistique et culturelle, ainsi que ses systèmes de santé distincts.

En conclusion, les relations commerciales entre le Canada et les États-Unis illustrent les complexités de la dépendance économique et ses implications sur l'identité nationale. Alors que le Canada cherche à naviguer dans cette réalité, il est essentiel de trouver un équilibre entre les avantages économiques d'une telle relation et la préservation de sa souveraineté et de son identité. Le débat sur le statut du Canada en tant que potentiel 51ème État des États-Unis ne doit pas uniquement se concentrer sur des questions économiques, mais aussi sur les valeurs et les traditions qui définissent le pays.

## Impact des politiques américaines sur l'économie canadienne

L'IMPACT DES POLITIQUES américaines sur l'économie canadienne est un sujet complexe et multidimensionnel, qui mérite une analyse approfondie. Les États-Unis représentent le principal partenaire commercial du Canada, et leur politique économique a des répercussions significatives sur divers secteurs de l'économie canadienne. Les décisions prises à Washington, qu'il s'agisse de politiques fiscales, de réglementation commerciale ou de mesures protectionnistes, influencent directement les entreprises canadiennes, les emplois et les investissements.

Un aspect crucial de cette influence est la dépendance du Canada vis-à-vis du marché américain. Environ 75 % des exportations canadiennes se dirigent vers les États-Unis. Ainsi, les changements dans la politique commerciale américaine, comme l'imposition de tarifs douaniers ou la renégociation d'accords commerciaux, peuvent créer des incertitudes pour les exportateurs canadiens. Le récent accord Canada-États-Unis-Mexique (ACEUM) illustre comment les négociations commerciales peuvent façonner les relations économiques, mais aussi comment elles peuvent susciter des inquiétudes quant à la souveraineté économique du Canada.

Les politiques de la Réserve fédérale américaine sont également déterminantes pour l'économie canadienne. Les fluctuations des taux d'intérêt, dictées par la Réserve, peuvent affecter les taux de change et, par conséquent, la compétitivité des produits canadiens sur le marché international. Une politique monétaire stricte aux États-Unis, par exemple, pourrait entraîner un renforcement du dollar américain, rendant les exportations canadiennes plus coûteuses et moins attractives pour les acheteurs américains. Cela souligne l'interconnexion des deux économies et la nécessité d'une vigilance constante face aux évolutions économiques américaines.

En outre, les choix politiques américains en matière de réglementation environnementale et de normes de travail peuvent également impacter le Canada. Les entreprises canadiennes doivent souvent se conformer à des standards qui peuvent être plus stricts que ceux en vigueur aux États-Unis. Cela peut créer un désavantage pour les produits canadiens sur le marché américain, surtout si les réglementations fluctuent en fonction des administrations au pouvoir. Cette réalité soulève des questions sur l'équité et la compétitivité dans les relations économiques entre les deux pays.

Enfin, les politiques économiques américaines influencent également la perception du Canada sur la scène internationale. Un Canada perçu comme trop dépendant des États-Unis pourrait voir son image ternie, affectant ainsi sa capacité à établir des relations commerciales avec d'autres pays. Cette dynamique soulève des préoccupations quant à la souveraineté économique canadienne et à la nécessité d'explorer des marchés alternatifs. En somme, l'impact des politiques américaines sur l'économie canadienne est un sujet d'importance, qui souligne les défis auxquels le Canada doit faire face pour préserver son identité économique et nationale.

# Chapter 7 : Langue et diversité linguistique au Canada

## Bilinguisme et multiculturalisme

L e bilinguisme et le multiculturalisme sont deux éléments fondamentaux qui façonnent l'identité canadienne. En tant que pays, le Canada se distingue par sa capacité à accueillir et à intégrer une variété de cultures, tout en maintenant une coexistence harmonieuse entre ses deux langues officielles, le français et l'anglais. Cette dualité linguistique n'est pas seulement une caractéristique administrative, mais elle est profondément ancrée dans l'expérience quotidienne des Canadiens, qui naviguent souvent entre ces deux langues dans leur vie personnelle et professionnelle.

La politique canadienne en matière de bilinguisme est ancrée dans l'histoire du pays, remontant à la Loi sur les langues officielles de 1969. Cette législation a été mise en place pour garantir que les Canadiens aient accès aux services gouvernementaux dans les deux langues, reflétant ainsi la diversité linguistique du pays. Ce cadre légal a permis aux communautés francophones en dehors du Québec de s'épanouir, tout en renforçant l'importance de la langue anglaise dans les provinces majoritairement anglophones. Le bilinguisme devient alors un symbole de respect et de reconnaissance des contributions de chaque communauté à la mosaïque canadienne.

Le multiculturalisme, quant à lui, est inscrit dans la politique canadienne depuis l'adoption de la Loi sur le multiculturalisme en 1988. Le Canada se présente comme un modèle de coexistence pacifique entre différentes cultures, où chaque groupe ethnique est encouragé à préserver sa langue, ses traditions et ses valeurs. Cette approche favorise une société inclusive, où les différences sont célébrées plutôt que perçues comme des obstacles. Le multiculturalisme canadien enrichit la culture nationale, ajoutant des couches de diversité qui renforcent l'identité collective des Canadiens.

La combinaison du bilinguisme et du multiculturalisme contribue à une identité canadienne unique, qui se démarque de celle des États-Unis. Alors que les États-Unis mettent souvent l'accent sur une culture unifiée autour de l'anglais, le Canada célèbre ses différences linguistiques et culturelles comme une force. Cette distinction est particulièrement importante dans le contexte des mouvements nationalistes canadiens, qui s'efforcent de préserver la souveraineté canadienne face à l'influence américaine. En valorisant son bilinguisme et son multiculturalisme, le Canada affirme sa position sur la scène mondiale comme un pays qui apprécie et respecte la diversité.

Enfin, le bilinguisme et le multiculturalisme jouent un rôle crucial dans l'économie canadienne, ouvrant des portes à des marchés internationaux et à des relations commerciales diversifiées. La capacité à communiquer dans les deux langues officielles, ainsi qu'à comprendre et à valoriser différentes cultures, est un atout majeur pour les entreprises canadiennes. Cette diversité linguistique et culturelle permet également de mieux répondre aux besoins d'une population de plus en plus hétérogène, ce qui est essentiel pour le développement économique et la prospérité du Canada dans un monde globalisé.

## Défis et opportunités linguistiques

DANS LE CONTEXTE CANADIEN, la diversité linguistique représente à la fois un défi et une opportunité. Le Canada est un pays bilingue par excellence, avec l'anglais et le français comme langues officielles. Cependant, cette situation peut créer des tensions entre les différentes communautés linguistiques. Les francophones, particulièrement au Québec, se sentent souvent en péril face à la prédominance de l'anglais, ce qui soulève des questions sur l'identité nationale et la préservation des cultures. Les défis liés à la langue concernent également les immigrants et les populations autochtones, dont les langues sont souvent négligées dans les discussions sur la politique linguistique.

Malgré ces défis, la richesse linguistique du Canada est également une grande opportunité. Elle favorise une culture de dialogue et d'échange, permettant aux Canadiens de bénéficier d'une perspective plus large sur le monde. Les deux langues officielles jouent un rôle clé dans la diplomatie et les relations internationales du Canada, en offrant un accès direct à divers marchés et à des partenaires potentiels. Cela inclut non seulement le Canada français et anglophone, mais aussi à l'accès aux langues autochtones et à celles des communautés immigrantes, renforçant ainsi le tissu social du pays.

L'éducation joue un rôle central dans la gestion des défis linguistiques. Les institutions canadiennes doivent non seulement promouvoir l'apprentissage des deux langues officielles, mais aussi intégrer les langues et cultures des divers groupes présents sur le territoire. Cela peut contribuer à une meilleure compréhension mutuelle et à un sentiment d'appartenance chez tous les Canadiens. De plus, encourager le bilinguisme dès le plus jeune âge peut enrichir l'expérience éducative et ouvrir des portes sur le marché du travail, où le bilinguisme est souvent considéré comme un atout majeur.

Sur le plan économique, la diversité linguistique peut également être un moteur d'innovation et de compétitivité. Les entreprises qui embrassent le bilinguisme et la multiculturalité sont mieux placées pour atteindre une clientèle diversifiée. En intégrant les différentes langues et cultures dans leurs pratiques, elles peuvent non seulement élargir leur marché, mais aussi renforcer leur réputation sur la scène internationale. Cela est particulièrement pertinent dans un contexte où les échanges commerciaux avec les États-Unis, un pays majoritairement anglophone, nécessitent une adaptation et une sensibilité aux différences culturelles.

Enfin, le débat autour des défis et opportunités linguistiques est intimement lié à la question de l'identité canadienne. La manière dont le Canada gère sa diversité linguistique peut influencer la perception des Canadiens sur leur place dans le monde. La fierté nationale et l'affirmation de l'identité canadienne passent par la valorisation des langues et des cultures qui composent le pays. En reconnaissant et en célébrant cette diversité, le Canada peut non seulement se positionner comme un modèle de coexistence pacifique, mais aussi renforcer son statut sur la scène internationale, en tant que nation qui respecte et valorise toutes ses voix.

# Chapter 8: Mouvements nationalistes canadiens

## Historique des mouvements nationalistes

Les mouvements nationalistes au Canada ont une longue histoire, ancrée dans des luttes pour l'identité, la culture et l'autonomie. Dès le début de la colonisation, les populations autochtones et les colons européens ont développé des sentiments nationalistes en réponse aux impositions extérieures. Au XIXe siècle, avec l'émergence du Canada en tant que nation, des figures comme Louis-Joseph Papineau et son mouvement patriote ont commencé à revendiquer des droits plus larges pour les Canadiens-français, cherchant à préserver leur langue et leur culture face à la domination anglo-saxonne.

Au XXe siècle, le nationalisme canadien a pris différentes formes. Dans les années 1960, le mouvement des Québecois s'est intensifié avec la montée du Parti québécois et la lutte pour la souveraineté du Québec. Ce mouvement visait non seulement l'affirmation de la culture francophone, mais également une redéfinition des relations entre le Québec et le reste du Canada. Les référendums de 1980 et de 1995 ont marqué des jalons importants dans cette quête d'autonomie, suscitant des débats passionnés sur l'identité canadienne et la place du Québec dans la Confédération.

Parallèlement, d'autres mouvements nationalistes ont vu le jour, notamment parmi les peuples autochtones. Les revendications de reconnaissance des droits territoriaux, culturels et politiques ont donné naissance à des organisations comme l'Assemblée des Premières Nations. Ces mouvements ont mis en lumière la nécessité de rétablir la souveraineté des nations autochtones et de promouvoir une meilleure compréhension des enjeux qui les concernent, souvent en opposition aux politiques gouvernementales perçues comme oppressives.

Le nationalisme canadien ne se limite pas aux frontières du Québec. Des mouvements dans les provinces de l'Atlantique, de l'Ouest, et même dans le Nord ont cherché à affirmer une identité régionale distincte. Ces mouvements, tout en se concentrant sur les particularités culturelles et économiques de chaque région, contribuent à un discours national plus diversifié. Ils soulignent la richesse de la mosaïque canadienne et la complexité des relations interprovinciales.

En somme, l'historique des mouvements nationalistes au Canada révèle une dynamique complexe où l'identité canadienne est constamment redéfinie. Les luttes pour l'autonomie, la reconnaissance culturelle et les droits des minorités continuent d'influencer le paysage politique. Alors que le Canada se positionne face à l'influence américaine et à la mondialisation, ces mouvements nationalistes jouent un rôle crucial dans la définition de ce que signifie être Canadien au XXIe siècle.

## Impact sur la politique canadienne contemporaine

L'IMPACT SUR LA POLITIQUE canadienne contemporaine est indéniable et se manifeste à travers divers aspects de la gouvernance et des relations internationales. Depuis plusieurs décennies, les influences américaines ont façonné les décisions politiques du Canada, tant sur le plan économique que social. Cependant, cette proximité géographique et culturelle a également suscité une réaction nationaliste, renforçant le désir des Canadiens de préserver leur identité unique et leur souveraineté face à l'hégémonie américaine.

Dans le domaine économique, les accords comme l'ALENA, et plus récemment l'ACEUM, illustrent comment le Canada s'est intégré dans une dynamique commerciale nord-américaine. Malgré les avantages économiques tirés de cette intégration, un sentiment de dépendance a émergé, soulevant des questions sur la capacité du Canada à protéger ses industries locales. Les gouvernements canadiens doivent naviguer entre la nécessité de maintenir des relations solides avec les États-Unis et la volonté de soutenir des politiques qui favorisent l'économie nationale et la diversité économique.

La question de l'identité canadienne est également au cœur des débats politiques contemporains. Les mouvements nationalistes, qu'ils soient régionaux ou basés sur des identités culturelles spécifiques, mettent en avant l'importance de la langue, de la culture et des traditions canadiennes. Ces mouvements cherchent à promouvoir une vision du Canada qui valorise la diversité et l'inclusion, tout en affirmant une distinctivité face à l'influence américaine. Ces aspirations sont souvent intégrées dans les plateformes politiques des partis, qui s'efforcent de répondre aux préoccupations des Canadiens concernant leur identité.

L'impact des médias américains sur la perception du Canada joue également un rôle crucial dans le paysage politique. Les représentations souvent simplistes ou stéréotypées du Canada dans les médias américains peuvent alimenter des malentendus. Les politiciens canadiens doivent souvent contrer ces perceptions erronées, en utilisant des stratégies de communication qui mettent en avant les valeurs et les réussites canadiennes. Ce défi médiatique souligne l'importance d'une communication efficace pour renforcer la fierté nationale et l'identité canadienne.

Enfin, les politiques de santé et les comparaisons entre les systèmes de santé canadiens et américains révèlent des tensions idéologiques. Alors que le système canadien est souvent loué pour son accessibilité, les critiques peuvent émerger concernant son efficacité comparative. Les débats sur la santé publique se mêlent ainsi à des considérations plus larges sur la souveraineté, la culture et le rôle du gouvernement. Ces discussions sont essentielles pour façonner une politique qui non seulement répond aux besoins des Canadiens, mais qui renforce également leur engagement envers une identité nationale distincte.

# Chapter 9: Impact des médias américains sur la perception du Canada

## Représentation du Canada dans les médias américains

La représentation du Canada dans les médias américains est un sujet complexe et souvent chargé de stéréotypes. Les États-Unis, en tant que voisin immédiat et principal partenaire commercial du Canada, ont une vision qui oscille entre admiration et mépris. Les médias américains, qu'ils soient télévisuels, imprimés ou numériques, ont tendance à simplifier la réalité canadienne, souvent en la réduisant à des clichés. Ces représentations peuvent influencer la perception que les Américains ont du Canada, mais elles ne reflètent pas nécessairement la diversité et la richesse de l'identité canadienne.

Dans les films et les séries télévisées, le Canada est fréquemment utilisé comme une toile de fond pittoresque, souvent associée à des paysages enneigés, des forêts denses et des villes tranquilles. Cette vision romantique du pays peut occulter les défis réels auxquels le Canada fait face, notamment en matière de politique, d'économie et de relations sociales. Les personnages canadiens sont souvent stéréotypés, représentant des traits de personnalité exagérés qui ne correspondent pas à la réalité du citoyen canadien moyen. Ce phénomène contribue à renforcer des idées préconçues et parfois erronées sur la culture et le mode de vie canadiens.

Les reportages d'actualité offrent également une perspective biaisée sur le Canada. Souvent, les médias américains se concentrent sur des événements sensationnels ou des crises, comme des débats sur la politique de santé ou les tensions environnementales. Ces sujets, bien que pertinents, sont souvent présentés de manière à susciter une réaction émotionnelle plutôt qu'à fournir une analyse nuancée. Par conséquent, les Américains peuvent développer une vision déformée des enjeux canadiens, qui ne tient pas compte des succès et des progrès réalisés dans divers domaines, y compris la gestion de la santé et la protection de l'environnement.

L'influence des médias américains sur la perception du Canada est également amplifiée par les réseaux sociaux, qui permettent la diffusion rapide d'informations, mais aussi de désinformations. Les commentaires et les mèmes qui circulent sur ces plateformes peuvent renforcer des stéréotypes et des idées fausses, rendant difficile la lutte contre les préjugés. Les Canadiens, se sentant souvent mal compris ou sous-représentés, doivent naviguer dans cette réalité médiatique tout en affirmant leur identité nationale et leur fierté. Cette dynamique met en lumière l'importance d'une représentation plus authentique et diversifiée du Canada dans les médias américains.

En fin de compte, la représentation du Canada dans les médias américains pose la question de l'identité et de la souveraineté canadiennes. Alors que les Canadiens aspirent à être perçus comme un peuple distinct, les médias américains ont le pouvoir de façonner cette perception. Il est crucial pour les Canadiens de promouvoir leur culture et leur réalité à travers des canaux appropriés, afin de contrer les stéréotypes et d'affirmer leur place sur la scène internationale. En favorisant une compréhension mutuelle, il est possible de construire des relations plus solides, basées sur le respect et l'appréciation des différences culturelles.

## Influence des médias sur l'image nationale

L'INFLUENCE DES MÉDIAS sur l'image nationale du Canada est un sujet complexe qui mérite une attention particulière. Les médias, qu'ils soient traditionnels ou numériques, jouent un rôle crucial dans la façon dont les Canadiens se perçoivent et sont perçus par le reste du monde. Ils façonnent l'opinion publique et influencent les attitudes envers l'identité canadienne. Dans un contexte où la culture américaine domine souvent les ondes, il est essentiel d'examiner comment cette dynamique impacte la fierté nationale et les perceptions de la souveraineté canadienne.

Les médias américains, en particulier, ont un pouvoir considérable sur la manière dont le Canada est représenté. Les stéréotypes et les généralisations peuvent souvent réduire la riche diversité culturelle du Canada à des clichés simplistes. Par exemple, la représentation du Canada comme un pays froid et ennuyeux, peuplé de gens qui parlent uniquement français ou anglais, néglige les nuances de sa réalité multiculturelle. Cette image peut engendrer des perceptions erronées qui nuisent à la fierté nationale et à l'identité canadienne.

D'autre part, les médias canadiens ont la responsabilité de contrer ces stéréotypes en promouvant une image plus authentique et diversifiée du pays. Les initiatives visant à mettre en lumière les réussites canadiennes, les contributions culturelles et les spécificités régionales sont essentielles pour renforcer l'identité nationale. En diffusant des histoires qui célèbrent la diversité, les médias canadiens peuvent créer un sentiment de fierté collective et encourager un meilleur respect de la souveraineté du pays sur la scène internationale.

Cependant, il existe un paradoxe à considérer : malgré les efforts des médias canadiens pour façonner une image positive du pays, l'influence des médias américains peut encore dominer les discussions publiques. Les Canadiens, exposés à des contenus américains, peuvent être enclins à adopter des perceptions qui ne reflètent pas fidèlement leur réalité. Cela soulève des questions sur la capacité des médias locaux à rivaliser avec le contenu américain et sur l'importance d'une consommation médiatique critique de la part des citoyens.

En conclusion, l'influence des médias sur l'image nationale du Canada est un enjeu crucial qui dépasse le simple divertissement. Elle touche aux fondements mêmes de l'identité canadienne et à la perception de la souveraineté du pays. Pour préserver et promouvoir une image nationale forte, il est impératif que les Canadiens soutiennent leurs médias locaux et s'engagent dans une consommation médiatique réfléchie, afin de bâtir une fierté nationale fondée sur une compréhension riche et nuancée de leur propre identité.

# Chapter 10: Comparaison des systèmes de santé canadiens et américains

## Modèles de santé : différences et similarités

L es systèmes de santé au Canada et aux États-Unis représentent des modèles distincts qui reflètent non seulement des approches différentes de la santé publique, mais aussi des valeurs culturelles et politiques divergentes. Au Canada, le système de santé est principalement public, basé sur le principe d'un accès universel et gratuit aux soins médicaux pour tous les citoyens, financé par les impôts. En revanche, le système américain est largement privé, reposant sur une combinaison d'assurances-santé publiques et privées, ce qui entraîne des disparités significatives dans l'accès aux soins en fonction des ressources financières des individus.

Une des similarités entre les deux modèles réside dans leur objectif fondamental : améliorer la santé de la population. Les deux pays investissent des sommes considérables dans la recherche médicale et le développement de nouvelles technologies de santé. De plus, les deux systèmes cherchent à faire face à des défis communs tels que le vieillissement de la population, l'augmentation des maladies chroniques et la nécessité d'améliorer la qualité des soins. Toutefois, la manière dont ces objectifs sont atteints diverge largement, influencée par les structures de financement et les priorités politiques.

Les différences se manifestent également dans les résultats de santé. Par exemple, les Canadiens affichent généralement de meilleurs indicateurs de santé, tels que l'espérance de vie et les taux de mortalité infantile, malgré un financement souvent jugé insuffisant par certains. Les Américains, de leur côté, bénéficient de certaines des meilleures technologies médicales au monde, mais souffrent d'une couverture inégale, laissant une partie significative de la population sans accès adéquat aux soins. Cette situation soulève des questions sur l'efficacité de chaque modèle face aux besoins de leurs citoyens.

Sur le plan de la culture et des valeurs, le système de santé canadien est souvent perçu comme un reflet de l'identité nationale, mettant l'accent sur la solidarité et le bien-être collectif. Les Canadiens considèrent leur système de santé comme un droit fondamental, un élément essentiel de leur identité en tant que nation distincte. En revanche, le système américain valorise davantage l'individualisme et la responsabilité personnelle, ce qui est en partie influencé par l'histoire et la culture politique du pays.

Enfin, les débats sur la santé continuent d'être un sujet central dans les discussions sur l'identité canadienne et la souveraineté. Les Canadiens se montrent souvent critiques envers les influences américaines, y compris dans le domaine de la santé. Alors que certains plaident pour des réformes inspirées du modèle américain, beaucoup défendent avec ferveur le système public canadien comme un symbole de fierté nationale. Cette dichotomie soulève des questions sur l'avenir du système de santé et son rôle dans la définition de ce que signifie être Canadien face à la pression d'un voisin puissant.

# Débats sur l'efficacité et l'accessibilité des soins

DANS LE CONTEXTE CANADIEN, les débats sur l'efficacité et l'accessibilité des soins de santé revêtent une importance cruciale, surtout face aux comparaisons fréquentes avec le système américain. Le Canada, avec son modèle de santé universel, se distingue par son objectif fondamental d'offrir des soins à tous les citoyens, indépendamment de leur statut socio-économique. Cependant, cette approche soulève des interrogations quant à la qualité des soins et aux délais d'attente, souvent cités comme des faiblesses par les critiques du système.

L'efficacité du système de santé canadien est souvent mise en question, notamment en raison des temps d'attente pour des procédures non urgentes. Les Canadiens expriment des préoccupations quant à la rapidité avec laquelle ils peuvent accéder à des soins spécialisés. En revanche, les partisans du système soutiennent que, malgré ces inconvénients, l'accès universel aux soins de santé est un droit fondamental qui devrait primer sur les considérations d'efficacité. Ils soulignent que d'autres pays avec des systèmes de santé universels rencontrent des défis similaires, mais que la qualité des soins reste généralement élevée.

L'accessibilité est un autre enjeu majeur dans les débats sur les soins de santé au Canada. Bien que le pays soit reconnu pour son modèle inclusif, des disparités existent, notamment en milieu rural et dans les communautés autochtones. Ces populations peuvent rencontrer des obstacles significatifs pour accéder à des soins de qualité, ce qui soulève des questions sur l'équité du système. Les organisations de la santé et les gouvernements provinciaux travaillent à des initiatives pour améliorer l'accessibilité, mais les résultats restent inégaux.

Les comparaisons avec le système de santé américain, souvent considéré comme plus efficace pour certaines interventions médicales, ajoutent une dimension supplémentaire aux débats. Les critiques du système de santé canadien pointent du doigt les avantages du modèle américain, où la concurrence entre les prestataires peut engendrer une innovation rapide. Cependant, ces arguments doivent être mis en balance avec les inconvénients du système américain, tels que le coût prohibitif des soins et l'exclusion de millions de personnes sans assurance maladie.

En conclusion, les débats sur l'efficacité et l'accessibilité des soins de santé au Canada sont complexes et nuancés. Ils reflètent non seulement les valeurs canadiennes liées à l'égalité et à la solidarité, mais aussi les défis pratiques d'un système en constante évolution. Alors que le pays navigue à travers ces discussions, il est essentiel de reconnaître l'importance de l'engagement collectif pour améliorer les soins de santé, tout en préservant l'identité et la fierté nationale qui caractérisent le Canada.

# Les valeurs canadiennes fondamentales

Les valeurs canadiennes fondamentales constituent le socle de l'identité nationale et sont essentielles pour comprendre le rêve d'une indépendance canadienne. Au cœur de ces valeurs se trouvent le respect de la diversité, l'égalité des droits et la justice sociale. Ces principes guident non seulement les interactions entre les Canadiens, mais aussi leur vision collective du pays. En célébrant et en protégeant cette diversité, le Canada se démarque comme un modèle de tolérance et d'inclusion, où chaque individu, quel que soit son arrière-plan, peut se sentir chez lui.

La démocratie est également une valeur canadienne fondamentale qui joue un rôle crucial dans la vie politique du pays. Les Canadiens s'engagent activement dans le processus démocratique, que ce soit par le vote, la participation à des débats publics ou l'implication dans des mouvements sociaux. Cette participation renforce la légitimité des institutions canadiennes et assure une représentation équitable des différentes voix de la société. La démocratie au Canada est le reflet d'un engagement envers la liberté d'expression et la responsabilité civique, qui sont des piliers essentiels de l'indépendance.

L'environnement est une autre valeur clé que les Canadiens chérissent profondément. Le respect de la nature et la préservation des ressources naturelles sont intégrés dans la culture canadienne. Les Canadiens sont de fervents défenseurs de l'environnement et s'efforcent de promouvoir des politiques durables. Cette préoccupation pour la planète est souvent liée à une conscience sociale plus large, où les Canadiens croient que la protection de l'environnement est indissociable du bien-être des futures générations.

L'entraide et la solidarité sont également des valeurs qui définissent le caractère canadien. Dans un pays aussi vaste et diversifié, les Canadiens s'efforcent de soutenir les uns les autres, que ce soit à travers des actions individuelles ou des initiatives communautaires. Cette solidarité se manifeste dans les moments de crise, où les Canadiens se rassemblent pour aider ceux qui sont dans le besoin, qu'il s'agisse de catastrophes naturelles ou de difficultés économiques. Cette culture de soutien mutuel renforce le tissu social du pays et témoigne d'un engagement envers le bien-être collectif.

Enfin, la fierté nationale joue un rôle essentiel dans l'affirmation des valeurs canadiennes fondamentales. Les Canadiens sont fiers de leur histoire, de leurs réalisations et de leur culture. Cette fierté se manifeste dans les célébrations nationales et les événements communautaires qui rassemblent les citoyens autour de leur identité partagée. En cultivant cette fierté, les Canadiens renforcent leur détermination à maintenir leur indépendance et à faire entendre leur voix sur la scène internationale, affirmant ainsi leur position unique et inébranlable en tant que nation.

# Le rôle de la langue française

Le rôle de la langue française dans le contexte canadien est fondamental pour comprendre l'identité nationale et la diversité culturelle du pays. Depuis la Confédération en 1867, le français a été reconnu comme l'une des deux langues officielles du Canada. Cette reconnaissance a été le fruit des luttes menées par les francophones, qui ont cherché à préserver leur culture et leur langue face à l'hégémonie anglophone. Ainsi, le français ne se limite pas à être un simple moyen de communication, mais constitue un vecteur de transmission des valeurs, des traditions et de l'histoire des Canadiens francophones.

Dans les provinces où le français est majoritaire, comme le Québec, la langue joue un rôle clé dans la vie quotidienne. Elle est non seulement utilisée dans les institutions publiques et les écoles, mais également dans les médias, la littérature et l'art. Cette présence dynamique du français renforce la cohésion sociale et permet aux francophones de s'affirmer dans un paysage canadien souvent dominé par l'anglais. En conséquence, le français contribue à une pluralité linguistique qui enrichit la culture canadienne dans son ensemble.

Sur le plan politique, la langue française est un symbole de l'équité entre les deux grandes communautés linguistiques du Canada. La Charte canadienne des droits et libertés garantit le droit à l'éducation et aux services en français, soulignant ainsi l'importance de cette langue dans la vie publique. Ce cadre légal est essentiel pour protéger les droits des francophones et leur permettre de s'épanouir dans un environnement respectueux de leur identité. En ce sens, la langue française est un outil de résistance contre l'assimilation et la marginalisation.

L'importance du français ne se limite pas aux frontières du Canada. En tant que langue internationale, elle ouvre des portes vers d'autres cultures et marchés, renforçant ainsi la position du Canada sur la scène mondiale. La maîtrise du français permet aux Canadiens d'interagir avec d'autres pays francophones et d'accéder à des opportunités économiques et diplomatiques. Cette dimension internationale de la langue française contribue à la fierté nationale et à la perception du Canada comme un pays diversifié et inclusif.

Enfin, le rôle de la langue française dans la construction de l'identité canadienne est indéniable. Elle incarne un héritage historique et culturel qui continue d'influencer les générations actuelles et futures. En valorisant le français, les Canadiens affirment leur engagement envers une société pluraliste qui respecte et célèbre ses différences. Dans un contexte où des voix s'élèvent pour prôner l'uniformité, le français reste un pilier de la diversité canadienne, rappelant à tous que le rêve d'une indépendance culturelle et linguistique est toujours d'actualité.

# Chapter 11 : Les défis contemporains

## Les enjeux économiques

L es enjeux économiques liés à l'indépendance canadienne sont multiples et revêtent une importance cruciale pour l'avenir du pays. L'un des principaux aspects à considérer est la capacité du Canada à établir ses propres politiques économiques, qui répondent davantage aux besoins et aux aspirations de sa population. Actuellement, le Canada est fortement influencé par les décisions économiques prises par les États-Unis, ce qui entraîne une dépendance qui peut nuire à l'autonomie nationale. L'indépendance permettrait donc au Canada de développer des stratégies économiques adaptées à ses spécificités culturelles, géographiques et sociales.

Un autre enjeu économique majeur est la gestion des ressources naturelles. Le Canada possède d'énormes réserves de ressources, telles que le pétrole, le gaz, les minéraux et les forêts. En prenant le contrôle total de ces ressources, le Canada pourrait maximiser ses revenus et investir dans des infrastructures locales, tout en promouvant des pratiques durables. Cela pourrait également renforcer l'économie locale et créer des emplois, contribuant ainsi à une prospérité partagée au sein des provinces et territoires.

La question du commerce international est également centrale dans le débat sur l'indépendance canadienne. En tant que nation indépendante, le Canada aurait la liberté de négocier des accords commerciaux qui sont bénéfiques pour ses intérêts. Cela lui permettrait de diversifier ses partenariats commerciaux et de réduire sa dépendance à l'égard d'un seul marché, notamment celui des États-Unis. De plus, en établissant des relations commerciales avec d'autres pays, le Canada pourrait tirer parti de nouvelles opportunités économiques, ce qui favoriserait la croissance et l'innovation.

L'indépendance pourrait également avoir un impact sur la politique monétaire du Canada. En ayant sa propre monnaie et en contrôlant sa politique monétaire, le Canada pourrait mieux gérer l'inflation et stabiliser son économie. Cela offrirait une plus grande flexibilité pour répondre aux crises économiques, permettant au gouvernement de prendre des mesures adaptées aux réalités canadiennes. La capacité de réguler la monnaie pourrait également renforcer la confiance des investisseurs et encourager les investissements étrangers.

Enfin, il est essentiel de considérer l'impact de l'indépendance sur le bien-être des Canadiens. Une économie indépendante pourrait mieux répondre aux besoins des citoyens, notamment en matière de santé, d'éducation et de services sociaux. En réorientant les ressources vers des priorités locales, le gouvernement canadien pourrait améliorer la qualité de vie de ses habitants. Ainsi, les enjeux économiques de l'indépendance ne se limitent pas seulement à des considérations financières, mais englobent également des dimensions sociales et culturelles qui sont fondamentales pour l'identité canadienne.

# La politique intérieure

La politique intérieure du Canada a toujours été marquée par un désir ardent d'affirmer l'identité nationale et de préserver la souveraineté. Dans le contexte de l'indépendance canadienne, cette dynamique prend une dimension particulière. Les Canadiens, conscients de leur histoire unique et des défis auxquels ils font face, ont toujours cherché à se démarquer des influences extérieures, notamment celles des États-Unis. Cette quête d'autonomie politique est essentielle dans le débat sur l'indépendance, car elle reflète le besoin de construire une nation qui soit à la fois forte et résiliente.

# NOUS NE POUVONS PAS ÊTRE LE 51E ÉTAT DES ÉTATS-UNIS

Les partis politiques canadiens jouent un rôle central dans la formulation et la mise en œuvre de la politique intérieure. Chaque parti, qu'il soit fédéral ou provincial, a sa propre vision de ce que signifie être Canadien. Les débats autour des politiques sociales, économiques et environnementales témoignent de cette diversité d'opinions. Cependant, un point commun émerge : la volonté de protéger les intérêts canadiens face à des pressions extérieures. Ce sentiment nationaliste est renforcé par des événements historiques, tels que les référendums sur la souveraineté, qui montrent l'attachement des Canadiens à leur identité.

La question des langues officielles est un autre aspect fondamental de la politique intérieure. Le Canada, en tant que pays bilingue, doit naviguer entre la promotion du français et de l'anglais tout en respectant les droits des communautés autochtones et des immigrants. Cette complexité linguistique souligne la richesse de la mosaïque canadienne, mais elle pose également des défis en termes d'intégration et de cohésion sociale. Les politiques linguistiques deviennent ainsi un terrain de jeu pour les partis politiques, chacun cherchant à séduire des électorats diversifiés tout en affirmant un sentiment d'unité nationale.

Un autre élément clé de la politique intérieure canadienne est la gestion des ressources naturelles. Le Canada est riche en ressources, mais cette richesse attire également des intérêts internationaux. Les Canadiens doivent donc trouver un équilibre entre l'exploitation de ces ressources pour le développement économique et la protection de l'environnement. Les débats sur des projets comme les pipelines ou l'exploitation minière sont souvent empreints d'émotions et de préoccupations concernant l'identité canadienne. Les décisions prises dans ce domaine peuvent avoir des conséquences profondes sur la manière dont le Canada est perçu sur la scène internationale.

Enfin, la politique intérieure est indissociable des relations avec les peuples autochtones. Reconnaître les droits des Autochtones et leur place dans le récit national est crucial pour l'avenir du Canada. Les politiques de réconciliation, bien qu'encore en développement, visent à corriger les injustices du passé et à construire un avenir où toutes les voix seront entendues. Cette démarche non seulement renforce l'identité canadienne, mais elle contribue également à la réalisation d'une indépendance véritable, où chaque citoyen, qu'il soit d'origine autochtone ou non, se sentira pleinement intégré dans la nation.

# Les relations internationales

Les relations internationales du Canada jouent un rôle fondamental dans la définition de son identité et de sa souveraineté. En tant que nation indépendante, le Canada a su forger des liens solides avec d'autres pays tout en préservant ses valeurs fondamentales. Depuis sa confédération, le pays a adopté une approche proactive dans ses relations diplomatiques, cherchant à établir des partenariats basés sur le respect mutuel et la coopération. Cela a permis au Canada de se positionner comme un acteur clé sur la scène mondiale, tout en affirmant son indépendance face à des puissances comme les États-Unis.

L'influence des États-Unis sur le Canada est indéniable, mais il est essentiel de reconnaître que le Canada a toujours su maintenir sa propre voix dans les affaires internationales. Les accords comme l'ALENA, qui a été remplacé par l'ACEUM, illustrent comment le Canada a réussi à négocier des accords qui favorisent ses intérêts tout en restant un pays souverain. Ce positionnement stratégique démontre la capacité du Canada à naviguer entre les exigences de ses voisins et ses propres aspirations en tant que nation distincte.

Les enjeux environnementaux, économiques et sociaux sont également au cœur des discussions internationales dans lesquelles le Canada s'engage. Le pays a pris des initiatives significatives en matière de changement climatique, cherchant à établir des normes élevées tout en encourageant d'autres nations à suivre son exemple. Cette volonté de leadership sur des questions cruciales souligne l'importance de la diplomatie canadienne et sa capacité à influencer positivement les politiques mondiales.

En outre, le Canada a toujours été un fervent défenseur des droits de l'homme et de la démocratie. Grâce à sa participation active dans des organisations internationales comme les Nations Unies et l'OTAN, le Canada promeut ses valeurs fondamentales à l'échelle mondiale. Cette approche non seulement renforce sa position sur la scène internationale, mais elle rappelle également aux Canadiens l'importance de défendre leurs principes et leur identité unique face à des pressions extérieures.

Enfin, l'avenir des relations internationales du Canada repose sur sa capacité à innover et à s'adapter dans un monde en constante évolution. Alors que de nouveaux défis émergent, le Canada doit continuer à affirmer son indépendance et à développer des alliances stratégiques qui reflètent ses intérêts et ses valeurs. En tant que Canadiens, il est crucial de soutenir ces efforts pour garantir que notre pays demeure un acteur respecté et autonome sur la scène mondiale, refusant ainsi de devenir le 51e État des États-Unis.

# Chapter 12: L'avenir de l'indépendance canadienne

## Les aspirations des nouvelles générations

LES ASPIRATIONS DES nouvelles générations au Canada sont marquées par un désir profond de diversité, d'inclusion et d'égalité. Ces jeunes Canadiens, qu'ils soient francophones, anglophones, autochtones ou issus de communautés immigrantes, aspirent à une société qui reflète leur pluralité. Contrairement aux générations précédentes, qui ont souvent été influencées par des idéologies plus traditionnelles, ces nouvelles générations s'engagent à bâtir un Canada qui valorise toutes les identités culturelles. Pour eux, l'indépendance canadienne ne se limite pas à l'autonomie politique, mais englobe également la reconnaissance et la célébration des différences qui enrichissent le tissu social du pays.

Un autre aspect fondamental des aspirations des jeunes Canadiens est leur préoccupation pour l'environnement. Conscients des défis posés par le changement climatique, ces jeunes militent pour des politiques durables et des initiatives écologiques. Ils souhaitent que leur pays prenne des mesures audacieuses pour protéger l'environnement, tant pour leur génération que pour celles à venir. Cet engagement envers la durabilité est souvent perçu comme une extension de leur identité canadienne, où la nature et la préservation des ressources naturelles sont des valeurs profondément ancrées.

Les nouvelles générations cherchent également à redéfinir leur relation avec le gouvernement et les institutions. Elles exigent plus de transparence, de responsabilité et de participation dans les processus décisionnels. Ces jeunes citoyens se mobilisent pour faire entendre leur voix, que ce soit à travers les réseaux sociaux, les manifestations ou les dialogues communautaires. Ils aspirent à un Canada où les politiques publiques reflètent réellement les besoins et les préoccupations des citoyens, et non celles d'intérêts particuliers. Cette dynamique souligne une volonté de réforme et d'innovation dans la gouvernance canadienne.

L'éducation joue un rôle central dans les aspirations des jeunes Canadiens. Ils reconnaissent que l'accès à une éducation de qualité est essentiel pour réaliser leurs rêves et contribuer à la société. Ces jeunes plaident pour un système éducatif qui soit accessible, équitable et qui prépare les élèves aux défis du XXIe siècle. Ils souhaitent également que le curriculum scolaire intègre des perspectives diverses, y compris celles des peuples autochtones, afin de favoriser une meilleure compréhension et un respect mutuel parmi toutes les cultures du Canada.

Enfin, l'esprit entrepreneurial est en plein essor parmi les nouvelles générations. Nombreux sont ceux qui aspirent à créer leurs propres entreprises et à innover dans divers secteurs. Ils sont motivés par des idées qui visent à améliorer la qualité de vie de leurs communautés et à promouvoir une économie durable. Cet esprit d'initiative est souvent accompagné d'une volonté de collaboration, les jeunes Canadiens cherchant à établir des partenariats qui transcendent les frontières culturelles et géographiques. Ainsi, les aspirations des nouvelles générations façonnent un Canada dynamique et résilient, prêt à relever les défis de l'avenir tout en préservant son indépendance et son identité unique.

## Le potentiel d'un Canada unifié

Le potentiel d'un Canada unifié repose sur la richesse de sa diversité culturelle et la force de ses institutions. En tant que nation, le Canada se distingue par sa capacité à rassembler des communautés provenant de différentes origines, croyances et traditions. Cette pluralité est une source de créativité et d'innovation, renforçant ainsi le tissu social et économique du pays. Un Canada unifié pourrait tirer parti de cette diversité pour non seulement promouvoir la cohésion sociale, mais également pour stimuler le développement économique à travers des initiatives inclusives et des politiques favorisant la participation de tous.

Sur le plan économique, un Canada unifié peut faire face aux défis globaux avec une plus grande résilience. En combinant les ressources naturelles abondantes du pays avec un secteur technologique en pleine expansion, le Canada peut se positionner comme un leader mondial dans divers domaines. L'unification des provinces et territoires permettrait de créer des synergies entre les industries, favorisant l'innovation et l'entrepreneuriat. Cela donnerait également la possibilité de négocier des accords commerciaux plus favorables, renforçant ainsi la position du Canada sur la scène internationale.

De plus, un Canada unifié pourrait renforcer sa voix sur les enjeux environnementaux et sociaux. En travaillant ensemble, les provinces peuvent partager des meilleures pratiques et adopter des politiques communes pour faire face aux défis du changement climatique. Cela inclut des initiatives pour la transition énergétique, la conservation de la biodiversité et l'engagement envers des objectifs de développement durable. Une approche unifiée permettrait au Canada de se positionner en tant que modèle de durabilité, inspirant d'autres nations à suivre son exemple.

La dimension politique d'un Canada unifié est également cruciale. En consolidant les efforts pour défendre les intérêts canadiens sur la scène internationale, le pays peut renforcer sa souveraineté. Cela passe par une participation active dans les organisations internationales et une défense des valeurs qui nous sont chères, telles que la démocratie, les droits de l'homme et la paix. Un front uni est essentiel pour faire face aux pressions extérieures et garantir que les décisions prises reflètent véritablement les aspirations des Canadiens.

Enfin, le potentiel d'un Canada unifié repose sur l'engagement des citoyens. La participation active de la population dans le processus démocratique est essentielle pour construire un avenir qui reflète les valeurs et les besoins de tous. Cela implique une éducation civique renforcée, des dialogues ouverts et des opportunités pour les Canadiens de s'impliquer dans les décisions qui les concernent. En cultivant un sentiment d'appartenance et d'engagement civique, le Canada peut non seulement réaliser son potentiel unifié, mais également s'assurer que ce rêve d'indépendance et de prospérité collective perdure pour les générations futures.

## La vision d'une indépendance durable

La vision d'une indépendance durable repose sur l'idée que le Canada doit construire une identité forte et autonome, distincte de l'influence américaine. Cette indépendance ne se limite pas à une séparation politique, mais s'étend également à des aspects culturels, économiques et environnementaux. Un Canada indépendant doit célébrer sa diversité tout en renforçant les valeurs qui lui sont propres. Pour réaliser cette vision, il est essentiel de promouvoir un sentiment de fierté nationale et de solidarité parmi les Canadiens.

Sur le plan économique, l'indépendance durable nécessite une diversification des partenariats commerciaux. Le Canada doit investir dans le développement de ses ressources naturelles tout en soutenant les industries émergentes. En encourageant l'innovation et en favorisant le commerce avec d'autres pays, le Canada peut réduire sa dépendance vis-à-vis des États-Unis. Cela implique également de soutenir les entreprises locales et de promouvoir des produits canadiens à l'échelle nationale et internationale.

Culturally, la vision d'une indépendance durable implique la préservation et la promotion des langues et des traditions autochtones, francophones et anglophones. Le Canada doit valoriser son patrimoine multiculturel en intégrant les contributions de toutes les communautés qui composent la nation. En renforçant l'éducation sur l'histoire et les cultures canadiennes, les Canadiens pourront mieux comprendre leur identité unique et leur place dans le monde.

L'environnement joue également un rôle crucial dans cette quête d'indépendance. Un Canada durable doit s'engager à protéger ses écosystèmes tout en adoptant des pratiques de développement durable. Cela nécessite une transition vers des sources d'énergie renouvelables et une réduction de l'empreinte carbone. En faisant de la protection de l'environnement une priorité, le Canada non seulement répondra aux défis climatiques, mais affirmera également son statut de leader sur la scène mondiale.

Enfin, la vision d'une indépendance durable doit être soutenue par des politiques gouvernementales qui favorisent la participation citoyenne et le dialogue. Les Canadiens doivent être impliqués dans les décisions qui affectent leur avenir. Une démocratie forte et inclusive est essentielle pour construire un pays où chaque voix compte. En favorisant la transparence et la responsabilité, le Canada peut garantir que son indépendance ne soit pas seulement un rêve, mais une réalité vivante et dynamique.

# REFERENCES

1. Au cours du XVIIIe siècle, le Canada a connu des bouleversements majeurs avec la conquête britannique de la Nouvelle-France en 1763.
2. La Confédération de 1867 a été un moment décisif dans l'établissement du Canada en tant que nation indépendante.
3. Canada a toujours été un fervent défenseur des droits de l'homme et de la démocratie
4. Le Canada se distingue par sa politique de multiculturalisme, officiellement adoptée dans les années 1970.
5. La Loi sur l'indépendance en 1982 représente un tournant décisif dans l'histoire du Canada
6. La création de la Confédération en 1867 représente un tournant décisif dans l'histoire du nationalisme canadien
7. Les contributions des intellectuels, tels que George Grant, ne peuvent également être sous-estimées. Grant, dans son ouvrage "Lament for a Nation", a mis en lumière les dangers de l'hégémonie culturelle américaine sur le Canada.
8. Les victoires militaires, comme celle de Vimy en 1917, sont célébrées comme des moments emblématiques de l'identité canadienne.
9. Les événements des années 1960, notamment le mouvement pour la souveraineté du Québec et le débat sur le multiculturalisme, ont également été des tournants qui ont redéfini le paysage politique canadien.
10. L'identité nationale canadienne est également renforcée par son

rapport à la langue et à la culture francophones, en particulier au Québec. Cette dimension linguistique est une source de fierté pour de nombreux Canadiens, qui voient dans le bilinguisme une richesse culturelle.

# Also by DM Ole Kiminta

# About the Author

DM Ole Kiminta is a Canadian of Maasai heritage. He spent many years working in USA, Britain and in Canada. He is an Industrial engineer, Petroleum engineer and Chemical engineer. Ole Kiminta was educated in USA and United Kingdom. Some of his published research work include Material science, carbon fibres and other composite materials, Polymeric materials, and Particle technology. He currently works for the Canadian government and lives in Toronto Canada with his family.